Fridolin und Marta Tschudi
Unsere Tiere
Verse und Fabeln

Fridolin und Marta Tschudi

Unsere Tiere

Verse und Fabeln

Rothenhäusler Verlag Stäfa

Druck: Grafische Betriebe NZZ Fretz AG, Zürich
Einband: Buchbinderei Burkhardt AG, Mönchaltorf
Gestaltung: Ulrich Schenker SWB ASG, Adliswil
ISBN 3-907960-17-3
Printed in Switzerland

Spuren im Schnee

Vogelspuren sind im frischen Schnee
wie chinesisch hingetuschte Hieroglyphen;
aber nicht einmal ein Li Taipe
oder sonst ein Mensch vermochten je,
sie zu übersetzen und den Text zu prüfen.

Ein Gedicht ist jeder leise Schritt,
kalligraphisch fein und einwandfrei geschrieben,
und man nimmt, gerührt von dem Sanskrit,
die beglückende Erkenntnis mit,
dass wir selbst die Spatzen als Poeten lieben.

Menschen hinterlassen oft in der Natur
eine lyrisch keineswegs so zarte Spur.

Wahlverwandtschaften

Wir sahen uns zuvor noch nie;
doch die spontane Sympathie
verzauberte uns beide,
und weil sie sehr elektrisch war,
so sträubte sich ihr Nackenhaar
und knisterte wie Seide.

Ich habe sie nicht lang gefragt
und ihr ganz einfach du gesagt
und zart ihr Kinn gestreichelt.
Sie nahm es mit Behagen hin,
und da ich masslos eitel bin,
hat mir das sehr geschmeichelt.

So raubtierfremd und doch vertraut
hat keine je mich angeschaut
und ohne Widerstreben,
im Augen-Blick die Ewigkeit
und leisen Schlummer sprungbereit,
dem Spiel sich hingegeben.

Doch dann glitt sie von meinem Schoss
und räkelte sich gähnend bloss
und spreizte ihre Krallen . . .
Wie mancher Mann lässt haargenau
von einer Katze oder Frau
dasselbe sich gefallen!

Ihr Sammetblick

Sie hatte jenen Sammetblick,
mit dem sie mich sofort betörte.
Ihr Augenaufschlag war ein Trick,
der wesentlich zu ihr gehörte.

Figürlich war sie zwar nicht so
(ganz objektiv und streng genommen)
in jeder Hinsicht comme il faut
und formvollendet und vollkommen.

Auch Geist – obgleich man dies vergass,
sobald man ihr ins Auge schaute –
besass sie bloss im Mittelmass,
indem sie männiglich vertraute.

Selbst mit Bezug auf die Moral
gab sie bisweilen mir zu denken;
denn sie empfand den Wunsch, sich wahl-
und ziel- und zwanglos zu verschenken.

Ich weiss, warum das kleine Biest
bei jedermann Erfolg erzielte:
weil es, was auf Berechnung schliesst,
kokett die Augen hob und schielte.

Das tun, heisst's, Weibchen dann und wann,
und Stupsi war, dies sagt der Name,
mit ihrem Sammetblick kein Mann,
dagegen eine Dackeldame.

Ameisenkomödie

Ameisen haben einen penetranten
helvetisch-deutschen Hang zur Gründlichkeit.
Sie sind fanatisch mürrische Pedanten
und nehmen sich für kein Vergnügen Zeit.

Sogar die Liebe ist für sie im ganzen
nur zweckbedingt und nüchtern, mit dem Ziel,
sich pflichtgemäss und emsig fortzupflanzen,
und deshalb alles andre als ein Spiel.

Im straff organisierten Staatsgebäude
und bei dem strengen Stachanow-System
verrichtet man die Arbeit ohne Freude,
doch mit dem Hinweis, sie sei angenehm.

Die armen Sklaven, die sich selbst belügen,
sind wegen ihrer Säure schlechtgelaunt,
und wenn sie plötzlich Aktenmappen trügen,
so wäre ich durchaus nicht sehr erstaunt.

Das kribbelnde und krabbelnde Gewimmel,
geschäftig, stur und scheinbar ohne Sinn,
erinnert mich daran, dass – weiss der Himmel! –
auch ich ein winzig kleiner Emsling bin.

Die Stubenfliege

Sie raschelt leise wie Papier
auf meiner Fensterscheibe.
Zwei volle Tage ist sie hier,
und mich erbarmt das arme Tier,
drum sage ich ihm: Bleibe!

Ich spüre, wie uns Sympathie
mit einem Mal verbindet,
weil angesichts der Agonie
in jedem Menschen irgendwie
der Grössenwahn verschwindet.

Die Rollen sind nunmehr vertauscht:
Ich bin der kleine Brummer,
der auf sein letztes Stündchen lauscht
und, von der Müdigkeit berauscht,
sich wiegt in sanftem Schlummer.

Ob Mensch, ob Fliege, einerlei:
Die Zeit ist kurz bemessen;
wir sind im Jahr zweitausendzwei
gestorben und vergessen!

Requiem für einen Frühvollendeten

Ein verfrühter gelber Schmetterling
(ach, Zitronenfalter klingt so sauer!)
ahnte nichts, als er auf Reisen ging,
von des Taumels allzu kurzer Dauer.

Niemand riet ihm ab, dem Rausch und Drang
seiner süssen Sehnsucht nachzugeben,
und so sah man ihn minutenlang
über Schnee- und Sonnenhalden schweben.

Aufwärts, immer höher trieb es ihn,
sanft vom Mittagswind emporgetragen,
und man hörte, wenn's auch bloss so schien,
seine Flügelarme lautlos schlagen.

Welcher lockende und leise Zwang
hiess den Frühvollendeten zu fliegen?
Glaubt er, dem sichern Untergang
zu entrinnen und ihn zu besiegen?

War das zarte Ding, das sich verlor
an die Schattenluft des blauen Truges,
eh es zitternd hinsank und erfror,
sich bewusst der Kühnheit seines Fluges? –

Zürnen wir ihm nicht und nehmen wir
still den Hut ab vor dem Pionier!

Amsellied

Die Amsel singt im Abendrot
und trillert Lauf um Lauf.
Ihr Lied beschwört, was längst schon tot,
als Gegenwart herauf.

Die Stadt im fahlen Dämmerschein
wirkt wie ein alter Stich,
so rührend winklig, eng und klein
und mittelalterlich.

Die Frühlingsluft ist lau und lind
und voller Zärtlichkeit.
Mir ist, als sei auch ich ein Kind
aus einer fernen Zeit.

War ich ein Fiedler, ein Vagant,
ein fechtender Scholar?
Ich bin mit manchem Schelm verwandt,
der einst lebendig war.

Am Hügel, wo der Galgen stand,
steht jetzt ein Betonhaus;
die Stadt nimmt mächtig überhand.
Das Amsellied ist aus.

Der Flötenton, so weich wie Wachs,
lässt dennoch mir nicht Ruh.
Ich wollt', ich wäre ein Hans Sachs
und ein Poet dazu!

Perlhuhn-Legende

Das Perlhuhn, das die Perlen zählt,
wie Morgenstern berichtet,
hat mich seit jeher schon gequält,
weil ich es nie gesichtet.

Die Frage sei deshalb erlaubt,
will sie mich noch so quälen:
Vermag ein Perlhuhn überhaupt
auf mehr als drei zu zählen?

Des Dichters Perlhuhn war als Tier
vielleicht ein Fabelwesen;
es zählte nämlich bis auf vier . . .
So steht bei ihm zu lesen.

Dass ich noch nie ein Perlhuhn sah,
das seine Perlen zählte,
heisst nicht, dass derlei nie geschah,
bloss weil ich es verfehlte.

Dafür (wenn ich so sagen darf)
sah ich schon manche Henne,
die Perlen vor die Säue warf . . .
Das zeigt, wie ich die Hühner scharf
durchschaue und erkenne.

Ochs und Esel

Sie sind bloss im Hintergrund
und Statisten in den Krippen.
Kinderaugen, gross und rund,
leuchten dennoch, und der Mund
staunt und lauscht mit offnen Lippen.

Durch die fromme Dunkelheit
hört man leises Flügelrauschen,
und die Kinder sind bereit,
Heiliges zur Weihnachtszeit
und Profanes zu vertauschen.

Ochs und Esel sind aus Lehm;
doch sie sind für uns nicht minder
wahr und wirklich und zudem,
wie der Stern zu Bethlehem,
nicht allein ein Spiel für Kinder.

Auf dem Stroh glänzt Engelshaar,
und ein König kniet daneben,
und wir staunen Jahr für Jahr:
Esel, Ochs und Hirtenschar
fangen an für uns zu leben . . .

Mein Schaukelpferd

Es stampfte unterm Weihnachtsbaum,
in braunes Packpapier gehüllt.
Ich traute meinen Augen kaum,
denn was als Wunsch mich nachts im Traum
verfolgte, wurde jetzt erfüllt:

Lackiert und stämmig stand es da,
wie ich's vor kurzem ebenso
im lichten Spielzeugladen sah,
seit vielen Wochen schon ihm nah,
verzagt und dennoch hoffnungsfroh.

Es frass mir sofort aus der Hand,
obgleich es steif war und aus Holz
und selten Hafer bei mir fand.
Ich ritt mit ihm durchs Kinderland,
voll Tatendrang und Bubenstolz.

Man konnte ihm nicht widerstehn,
wenn es zum Aufbruch sich entschloss
im Kreuzzug gegen irgendwen:
Ich war der edle Prinz Eugen
und es mein tapfres Feldherrnross . . .

Es ging, wie vieles hinterher,
verloren, und so bin auch ich
kein Held und Bonaparte mehr
und wiege, ohne Ross und Wehr,
im Schaukelstuhl mich lediglich.

Sieben sanfte Turteltauben

Neulich – es ist kaum zu glauben –
wollten tausend Turteltauben
mich der Morgenruh berauben.

Und sie turtelten und taubten
in den gurrend unerlaubten
Tönen, die den Schlaf mir raubten.

Um des süssen Traums zu pflegen
und um mich nicht aufzuregen,
schlief ich wieder ein hingegen.

(Keine hundert Turteltauben
sollen künftig sich erlauben,
mich der Ruhe zu berauben!)

Morgenstund hat Gold im Munde,
und so bin auch ich im Grunde
schliesslich dennoch fürs Gesunde.

Sieben sanften Turteltauben,
die der Ruhe mich berauben,
will den Weckruf ich erlauben.

Mögen auch die Tauben lachen:
ich gehöre zu den Schwachen,
die nicht gern, doch früh erwachen.

Der gefangene Hecht

Welch ungeheure Kraft ist das,
die einen Hecht durchzittert,
wenn er im Sarg aus grünem Glas,
nur mit geperlter Luft als Frass,
die Todesnähe wittert!

Wie wird das Ungeheuer hier
mit seinen Silberschuppen,
vor kurzem noch ein wildes Tier
und böser Räuber im Revier,
gebacken sich entpuppen?

Er ist halb Fisch und halb Reptil
und schwänzelt mit den Flossen
und wird mit Weisswein und mit viel
(das Messer lässt man aus dem Spiel!)
Genuss von uns genossen.

Sein Auge glotzt, sein Maul ist stumm,
und manche zarte Frauen
erfasst vor dem Aquarium
und Sauerstoff-Panoptikum
ein Gruseln und ein Grauen.

Wie kommt es nur, dass man anstatt
Verachtung für den Mordgesell
im Einzelfall und eventuell
fast eher Mitleid mit ihm hat?

Märzenserenade

Katzenmann und Katzenfrau
machen manchmal nächtlich
mit Mi-oh und mit Mi-au
musikalischen Radau,
und der ist beträchtlich.

Wie ein Löwe (siehe Brehm
oder Goldwyn-Mayer)
faucht der Kater ausserdem
gleichsam im 12-Ton-System
zu der Hochzeitsfeier.

Kreischend fährt das erste Tram
durch die stillen Stunden.
Katzenbraut und -bräutigam
(cherchez l'homme et cherche la femme)
haben sich gefunden.

Fern im Osten irgendwo
fängt es an zu dämmern
und beginnt ein Radio
frühlingshaft fortissimo
auf uns einzuhämmern . . .

Unterschied und Gegensatz?–
Vielerlei ist für die Katz!

Hundstage

Die Hitze zittert überm Stein
und drängt durch Laubwerk, Zweig und Strauch
bis in den Boden tief hinein
als tropenfieberiger Hauch.

Kein Segel bläht sich kühn und stolz.
Der Wind verzog sich in das Land
der Flaute und ins Unterholz,
wo Schutz und Unterkunft er fand.

Auch er ist schläferig und matt
und hat, erschöpft vom wilden Tun,
sein Vagabundenleben satt,
nur noch gewillt, sich auszuruhn.

Wir sind genauso schlaff wie er.
Die Hunde hecheln und sind faul,
und ihre Zunge, lahm und schwer,
hängt ihnen feuchtwarm aus dem Maul.

Doch nach des langen Tages Schluss
blinkt hell in ihrem Sternbild dann
der weltenferne Sirius,
für den ich diesen Vers ersann.

Der faule Ameis Adalbert

*Mochten sämtliche Ameisen noch so emsig
schuften,
stur, verbissen, sauer und energisch:
Adalbert, der faule Ameis, pflegte zu
verduften,
wenn's nach Arbeit roch; denn Adalbert war
gegen Fleiss
allergisch.
Von den andern drum verachtet und
gemieden,
lebte er, der Müssiggänger, Taugenichts und
Vagabund,
fern vom kribbelnden Ameisenhaufen, völlig
abgeschieden,
ohne Kreislaufstörung und Kulturneurosen,
heiter und zufrieden –
und gesund! –
das Schlaraffendasein eines Anspruchslosen.
Während jeder hektisch raffte und sich plagte
und das Volksvermögen sich vermehrte
angesichts
solchen Strebens, machte Adalbert, was ihm
behagte:
nämlich nichts.*

*Er, der dies zu tun gewissermassen jedem riet,
wurde schliesslich aus der fleissigen
Gemeinschaft gänzlich ausgeschlossen,
und so zog er sich zurück ins weitverzweigte
Waldgebiet
und hat dort sein Paradies genossen.
Von den andern, die sich schier zu Tode
schafften
und nur rafften, rafften, rafften, rafften,
hörte Adalbert kein Sterbenswörtchen mehr;
denn sechs Wochen später – o verdammt! –
fiel ein hungriger Ameisenbär
über die beklagenswerten Bürokraten her
und verschlang sie allesamt . . .
Vom Verhängnis und Ruin verschont blieb
einzig wer? –
Er!*

*Moral: Der Faule lebt oft länger als
der Fleissige, in dem Fall jedenfalls.*

Der Elefant, der übersah, was er nicht sehen wollte

Es war einmal ein schwerer Elefant,
der war mit einem leichten Zirkus-
elefantending
aufs innigste verbunden respektive eng
bekannt,
obgleich die süsse Puppe auch mit andern
ging.

Er war vernarrt in sie und schenkte ihr
Armbänder, Uhren, Blumen, Pralinés und
einen Ring
mit Brillanten und ein gut erhaltenes Klavier,
obgleich die süsse Puppe auch mit andern
ging.

Der alte Knabe, welcher mehr und mehr
sich in den Netzen dieser jungen Künstlerin
verfing,
verwöhnte seine anspruchsvolle Zirkusdame
sehr,
obgleich die süsse Puppe auch mit andern
ging.

Dass sie, die ihm so teuer war und nah,
bestimmt nicht seiner roten Äuglein wegen an
ihm hing,
war etwas, was er gleichsam systematisch
übersah,
obgleich die süsse Puppe auch mit andern
ging.

Ihr gegenüber war er völlig blind.
Kein Dienst, den sie von ihm verlangte, war
ihm zu gering.
Nach Jahren noch verliess der graue Bulle
Weib und Kind,
obgleich die süsse Puppe auch mit andern
ging.

Moral: Ein Blinder übersieht oft still
die Dinge, welche er nicht sehen will.

Der Papagei und die Presse

Man fragte einen Papagei,
warum er bloss so schweigsam sei.
«Weil ich», sprach er zum Pressemann,
«unmöglich wiedergeben kann,
was ich hier laut vernehme,
und stets mich dessen schäme . . .»

«Verfluchter Scheisskerl, warte nur!»
schrie jemand nebenan im Flur,
und eine Dame, wenig fein,
trat ausser sich vor Wut herein
und sagte: «Halt die Fresse!» –
doch nicht zum Mann der Presse.

Nachdem sich dieser rasch verzog,
wozu das Weibsbild ihn bewog,
schlug es die Türe schmetternd zu
und zischte: «Wart, du Mistvieh, du!» –
Hierauf ging's sozusagen
dem Vogel an den Kragen.

Moral: Sei immer auf der Hut,
wenn dich die Presse interviewt!

Des Raben Wunderhorn

«Es ist hoffnungslos, das Singen
einem Raben beizubringen,
weil schon von Natur aus Raben
rauhe Raucherstimmen haben.»

Also sprach, nicht eben leise,
Mister Fink zu Madame Meise,
was den Raben, der das hörte,
tief verletzte und empörte.

«Dieser Fink – ich kann's ihm schwören –
wird noch einmal von mir hören!»
wisperte der schwarzbefrackte
Vogel, den der Ehrgeiz packte.

Er begann mit einem wilden
Tatendrang sich auszubilden
und dabei sich aufzublähen
und noch kräftiger zu krähen.

Seine Stimme, anstatt leiser,
wurde hässlich, laut und heiser
und, obgleich ganz unmelodisch,
langsam, aber sicher modisch.

Amseln, Drosseln, Nachtigallen
fanden plötzlich sehr Gefallen
an der fremden Vortragsweise,
selbst Herr Fink und Madame Meise.

Trat der einst nicht halb so kühne
Rabenjüngling auf die Bühne,
um die Hörer zu begrüssen,
lag die Jugend ihm zu Füssen.

Er, den jeder Spatz verlachte,
ehe er Furore machte,
wurde nun ein Rattenfänger,
Schlagerstar und Schnulzensänger . . .

Moral: Erfolg setzt bloss Applaus,
doch keineswegs Talent voraus.

Das weisse schwarze Schaf

Von den tausend schwarzen Schafen,
die sich auf dem Wolfsberg trafen
mit den Spitzen der Partei,
schwur ein jedes, Jahre später,
dass es nie als Volksvertreter
mit dabei gewesen sei.

Keines, damals hoch zu Rosse,
wollte als Parteigenosse
gelten und gestempelt sein,
und sobald man eines fragte,
ob es auf dem Wolfsberg tagte,
blökte es: «Ich bitt' Sie, nein –!»

Keines von den vielen Lämmern,
die noch immer götterdämmern,
sah man einzeln und genau
in der aller Welt gezeigten
und dem Werwolf wohlgeneigten
aktuellen Wochenschau.

Von den tausend schwarzen Schafen,
die sich auf dem Wolfsberg trafen,
sagte eins bloss frank und frei:
«Ich war unter vielen eines,

wenn vielleicht auch nur ein kleines
Aktivmitglied der Partei . . .»

Moral: Die Wahrheit wirkt enorm
wohltuend, selbst in dieser Form.

Der Hahn, der keiner war

Zum Psychiater kam ein Hahn,
um ihm verlegen zu bekennen,
er leide an Verfolgungswahn
und fürchte sich vor seinen Hennen.

Der Doktor sprach: «Das ist normal.
Nach vierzehn Tagen Flitterwochen
mit dreissig Hühnern an der Zahl
ist man erledigt und gebrochen.

Verzweifeln Sie nicht, junger Mann,
und gönnen Sie sich etwas Ruhe!» –
«Das ist's, was ich von Anfang an»,
erklärte dieser, «tat und tue.

Mein Harem nimmt gerade drum
mir mein Verhalten und Betragen
und friedliches Benehmen krumm
und droht mir, mich davonzujagen.»

Der Doktor, ohne aufzuschaun,
entschied nach kurzer Analyse:
«Herr Hahn, Sie sind halt ein Kapaun –
trotz Schnabel, Kamm und Hypophyse . . .»

Der eitle Gockel, der hierauf
nach Hause ging zu seinen Frauen,
nahm ihr Gegacker still in Kauf,
voll Stolz und fettem Selbstvertrauen.

«Ich», krähte er nun überall,
«verkünde allen meine Wandlung:
Ich bin als intressanter Fall
in psychiatrischer Behandlung!» –

Moral: Gib dich, statt dass du klagst,
als Held aus, wenn du je versagst!

Von Mäusen und Schlangen

Eine Maus traf eine Schlange,
und ihr wurde angst und bange,
als sie dieser, ziemlich nah,
zitternd in die Augen sah.

Ganz zerstreut und selbstvergessen
schlich die Schlange sich indessen
rasch und schleunigst von dem Ort
der Begegnung raschelnd fort.

Eben drum geriet das Mäuschen,
frech geworden, aus dem Häuschen
und frohlockte: «Seht, das Tier
fürchtet sich und flieht vor mir!»

Alle andern Mäuslein schwörten,
als sie von dem Vorfall hörten,
tapfer daraufhin sogleich:
«Niemals vor Gefahren bleich!»

Nahte nunmehr eine Natter,
kriegte keines mehr den Tatter
oder tat zumindest so,
selbst im Todesstreich noch froh.

Von den Schlangen notgedrungen
fasziniert und dann verschlungen,
kamen (statt nach Hause) stumm
viele Mausehelden um.

Doch das Volk blieb unbefangen
gegenüber allen Schlangen,
bis – es dauerte nicht lang –
zum totalen Untergang.

Moral: Wer selbst sich überschätzt,
bedauert es bestimmt zuletzt.

BUSSE
BUSSE
USSE
20
BUSSE
20.-
TADTPOLIZEI

Vom Polizeihund, der es zum Dobermann bringen wollte

Ein Polizeihund (wie er hiess, tut nichts zur Sache)
stand täglich stundenlang im Schnepfenviertel Wache
und patrouillierte durch die Baumalleen verbissen,
mit scheelem Schäferhundeblick und dienstbeflissen.
Ihn konnte, mochte er den Frühling noch so spüren,
kein Dackeldämchen oder Pudelweib verführen,
und keiner Boulevard-Fifi konnte es gelingen,
durch ihre Düfte ihn vom Dienstweg abzubringen.
Auch liess er sich durch Wurst und Braten nicht bestechen
und mischte sich nicht ein bei einem Kapitalverbrechen,
wie Notzucht, Totschlag, Lust- und Raubmord und dergleichen.
Ihm ging es einzig drum, die Sünder zu erreichen,
die allzu lang vor ihrem Stammbaum stehen blieben.
Sie hat er knurrend sich notiert und aufgeschrieben,
um durch den Polizeirapport bei höhern Stellen
die Parkverbrecher hinterlistig zu verbellen
und sich beim Ober-Dobermann beliebt zu machen . . .

Moral: Wenn's nicht zum Weinen wäre,
wär's zum Lachen.

Mr. Skunk & Co.

Mister Skunk, nicht sehr verschieden
von den andern Dachsgenossen,
fragte oft sich unzufrieden:
«Warum werde ich gemieden,
abgelehnt und ausgeschlossen? –

Sollte ich des Pelzes wegen,
den ich stolz zu Markte trage,
Neid und Eifersucht erregen?» –
Skunk bejahte, leicht verlegen,
die sich selbst gestellte Frage.

Er gab schlicht sich und bescheiden,
doch die Umwelt – noch nach Jahren! –
mochte trotzdem ihn nicht leiden
und fuhr fort, ihn brüsk zu meiden,
um den Duft sich zu ersparen.

Igel, Marder, Fuchs und Hasen,
Auerhahn und Eichelhäher,
arrogant und aufgeblasen,
rümpften heftig ihre Nasen,
kam er ihnen einmal näher . . .

Moral: Ein Skunk ahnt kaum, dass man
ihn, weil er stinkt, nicht riechen kann.

Kuckuck und Grünspecht

Die graue Kuckucks-Bruderschaft
verkündete mit aller Kraft:
«Schlagt jeden Grünspecht nieder!
Die gottverdammte fremde Brut
trägt – drum bekämpft sie bis aufs Blut! –
ein anderes Gefieder.

Der Sklave und gemeine Knecht
verlangt für sich das selbe Recht
und ringt um Anerkennung.
Er hämmert ständig auf uns ein,
er wolle gleichberechtigt sein
und keine Rassentrennung.

Das Pack ist grün, nicht grau wie wir.
Jagt es – zum Kuckuck! – fort von hier
und macht es physisch fertig!
Die Bande – sie verseucht das Land
und nimmt bedrohlich überhand –
ist faul und minderwertig!» –

Die Kuckucksbrüder hatten jetzt
sich so erhitzt und aufgehetzt,
dass sie in Weissglut kamen
und nach erfolgtem Ritual
barbarisch, wahllos und brutal
am Grünspecht Rache nahmen.

Die Grünspecht-Sippe liess hierauf
den Hassgefühlen freien Lauf
und fing an, laut zu schelten:
«Wir werden, was der Kuckucks-Klan
an Leid und Schmach uns angetan,
es zehnfach ihm vergelten!» –

Moral: Man sei, mein liebes Kind,
bezüglich Rassen farbenblind!

Ali, der unvergessliche Alligator

Unter all den ziemlich vielen
räuberischen Krokodilen
wurde einst ein Alligator
namens Ali Imperator
und regierte über viele
ihm ergebne Krokodile,
welche alles für ihn taten
und sich ihm nur kriechend nahten;
denn das ist Alligatoren
von Natur aus angeboren.
Bald befahl der Alligator
Ali, Führer und Diktator,
zähnefletschend seinen Landsern
für den Kriegsfall sich zu panzern,
und sein Volk, schon in Ekstase,
liess zur freudetrunknen Phrase
siegessicher sich verleiten:
«Grösster Feldherr aller Zeiten!» –
Später hat es sich erwiesen:
Er gehörte nicht zu diesen,
sondern war nur ein Gefreiter,
Erzverführer und -verleiter,
der bei schwülen Wagner-Klängen
schwelgte in den Untergängen
und sich bitterlich beklagte,
dass sein Volk vor ihm versagte . . .
Jahre sind seither verflossen.
Doch bei vielen Volksgenossen
blieb der Führer unterdessen
lebenslänglich unvergessen,
weil die Krokodillustrierten
ihn den Lesern neu servierten:
Ali, dritter, erste Reihe,
bei der Blut- und Fahnenweihe.
Ali in der Kämpferpose.
Ali unter Selbsthypnose.
Ali vor den Reichstagswahlen.
Ali bei den Generalen,
Witwen und Soldatenwaisen,
ja sogar in Künstlerkreisen.
Alis Ausschau nach dem Regen.
Ali gibt den Erntesegen.
Alis Porträt beim Verdauen.
Alis Einfluss auf die Frauen.
Ali neben der erprobten
heimlich längst mit ihm Verlobten.
Ali und sein Krokodilchen
Ella Grün beim Liebesspielchen.
Ali vor der Feldherrnhalle.
Ali in der Bunkerfalle.

Ali nochmals als Gefreiter,
genialer und gescheiter
Kartenleser, Nachtarbeiter,
altruistisch-hilfsbereiter
Philanthrop und Friedensstreiter –
und so weiter – und so weiter . . .

Moral: Wer tot ist, wie Sie sehn,
kann QUICK-lebendig auferstehn.

Der Pinguin an der Kaninchen-Party

Als jüngst zu einem Gartenfest
ein Pinguin im Frack erschien,
rief alles: «Oh, he's overdressed!»
und zeigte indigniert auf ihn.

Ihm war's in seiner Haut nicht wohl,
und er ersäufte seine Wut
im reich spendierten Alkohol,
und der zum mindesten war gut.

Beim zehnten Whisky, eisgekühlt
und ziemlich unverdünnt serviert,
hat er sich besser dann gefühlt,
obzwar noch immer leicht geniert.

Er hielt sich aufrecht an der Bar,
bis er, der allzu viel genoss
und deshalb kaum mehr nüchtern war,
nach Haus zu gehen sich entschloss.

Erst jetzt, beschwipst und schräg im Frack,
fand er den Mut, der ständig wächst,
und sagte zum Karnickel-Pack:
«You know what you are? – Oversexed!»

Moral: Wer Englisch schlecht versteht,
weiss nicht, worum es sich hier dreht.

Der zoologische Gartenlöwe und das Hauskätzchen

«Siehst du diese Riesenpratze?»
sprach der Löwe zu der Katze,
die vor seinem Käfig sass
und ihn stumm und kritisch mass.

«Weder Tiger noch Hyäne
haben eine solche Mähne.
Weder Berberhengst noch Stier
sind so stolz und stark wie Wir!»

So gewandt wie Unsereiner,
königlich und schön ist keiner.
Wir sind Wir und selbst im Zoo
stets Le Roi des animaux!

Merk dir das, du Mäusefresser!
Wir sind grösser und drum besser.
Nirgendwo gibt es ein Tier,
das so mächtig ist wie Wir!»

Also sprach er (und zwar gratis)
im Pluralis majestatis,
und das Kätzchen, nicht sehr gross,
sondern winzig, nickte bloss.

Rrrr! Es schnurrte voll Behagen,
um ihm lediglich zu sagen:
«Was Ihr da erzählt, Herr Leu,
ist mir absolut nicht neu.

Eins nur habt Ihr übergangen:
Ihr, Herr König, seid gefangen,
während ich doch immerhin
frei und ungebunden bin . . .»

Moral: Ein Löwe hinter Gittern
bringt eine Katze nicht zum Zittern.

Der Frosch als Liebhaber

Ein grüner Springinsfeld und Laubfrosch-
Lebemann
liess sich auf einer Wasserrose nieder
und küsste dort als frecher Don Juan
ein anfangs heftig zappelndes und junges
Froschfräulein sodann:
erst ein-, dann zweimal, und dann immer
wieder . . .
Obwohl die Jungfer sich von ihm das mittler-
weile gern gefallen liess,
empfand sie dennoch etliche Bedenken,
sich ihm so mir nichts, dir nichts zu
verschenken,
weshalb sie ihn mit ihren zarten Hinter-
schenkeln von sich stiess
und ihn – hupfhupf! – davonzuhüpfen hiess.
Wer aber blieb, war er, indem er leiden-
schaftlich sie beschwor,
mit ihm ins Schilf zu gehn und in die Binsen.
Er sagte «süsses Fröschchen» und als Kavalier
«ma p'tite grenouille» zu ihr,
fing siebzehn fette Fliegen,
um sie zu besiegen,
und quakte ihr was vor,
bis sie die Kraft des Widerstands verlor . . .
Der Mond schien hell aufs nächtlich
nebelfeuchte Moor
und kühl zu grinsen.
Der Fröschin war ein bisschen bang zumut,
und drum bat sie den Liebsten flüsternd,
aufzupassen,
und zwar gut!

Er la-ha-ha-hachte nur gelassen:
«Du glaubst doch nicht etwa» – sie unterbrach
ihn: «Horch!» –
«ans alte Ammenmärchen mehr vom Storch?»
Wobei sogleich zu sagen ist, dass sie plumps-
schnell ins Wasser sprang,
hingegen ihn aufs Stichwort Storch ein
Adebar verschlang . . .

Moral: Wer klug ist, hat Verstand
und malt den Storch nicht an die Wand!

Die Gans und die nackte Wahrheit

Eine Gans, so sagt die Fabel,
zeigte allen Gänserichen
völlig nackt sich bis zum Nabel
und entblösst – mit mir verglichen.

Nach dem Schwedenfilm «Das Schweigen»
wollte sie den Gänseknaben
nämlich offenkundig zeigen,
dass auch Gänse Brüste haben.

Aber nicht, dass Sie nun denken,
diese Gans, von der wir lesen,
würde jedem sich verschenken
und sei ohne Scham gewesen!

Nein, sie war nur notgedrungen
eine von den vielen Damen,
die verflucht sind und gezwungen,
jede Mode nachzuahmen.

Manchem Moralist und Streber
ging das brust- und nabelfreie
Gänschen auf die Gänseleber . . . –
Liebe Leserin, verzeihe:

Was ist falsch an dieser Fabel? –
Gänse haben (selbst erdichtet!)
eine Brust, doch keinen Nabel,
wie der alte Brehm berichtet.

Moral: Wer Fabeln schreiben will,
sei stets genau, sonst lieber still!

LION'S
BROCK'S

Die exemplarische Löwin

Elsa, jene weltberühmte Löwenmutter,
welche frei und friedlich unter Menschen lebte,
hat bewiesen, dass sie nicht allein nach Futter,
sondern fast noch hungriger nach Liebe strebte.

Wenn das Tierische im Menschen nur so wäre
wie das schier Humane dieser Riesenkatze!
Doch der Mensch – das war seit jeher die Misere –
ist nicht zähmbar und droht gern mit seiner Pratze.

Ich will trotzdem nicht als misanthropisch gelten
und drum sanft und sonntagsschülerhaft betonen:
Elsas sind selbst unter Löwen ziemlich selten,
weil auch ihnen Raubtiertriebe innewohnen.

Die Elegans und der Martinifant

Du fragst verblüfft, who's who und wer das sei;
die Elegans und der Martinifant? –
Der Fant bekennt sich zum Martini dry,
und sie ist eine dumme Gans, doch elegant.

Ich habe gar nichts gegen diese zwei
und bin von ihnen eher fast gebannt.
Die beiden sind (das nur so nebenbei)
an jeder Cocktail-Party und sehr weltgewandt.

Ich wüsste übrigens noch allerlei,
was faszinierend wäre und pikant;
jedoch entschuldige die Spielerei
mit der Martinigans und mit dem Elefant!

Ein Sinn ergibt sich nicht daraus, verzeih,
die Worte sind mir einfach durchgebrannt.
Frag, bitte, nicht warum! Don't ask me why! –
Die Form ist wichtig, nicht der Sinn, du Dilettant!

Der blaue Fisch

(Latimeria Chalumnae)

Captain Eric Hunter hat, so wird berichtet,
irgendwo bei Madagaskar oder Sansibar
einen meterlangen blauen Fisch gesichtet,
der, was keineswegs erfunden und erdichtet,
in der Kreidezeit als Gattung längst vorhanden war.

Wenn das lebende Fossil nun freilich wüsste,
dass seit siebzig Millionen Jahren ungefähr
es im Grunde zoologisch tot sein müsste,
hätte es vor lauter Logik an der Küste
Afrikas sein Leben ausgehaucht und wär' nicht mehr.

Doch der Fisch, in dieser Hinsicht nicht sensibel,
ohne Ödipuskomplex mitsamt Verfolgungswahn,
schwamm, entgegen aller Logik oder Fibel,
als Methusalem und doch enfant terrible
ungeheuer einsam durch den weiten Ozean . . .

Auch der Mensch lebt manchmal ausserhalb der Zeit
im erbarmungslosen Meer der Einsamkeit.

Rosinante

Don Quijotes Rosinante,
noch nicht tot, obgleich gestorben,
hat als Ross und weltbekannte
arme Seele Ruhm erworben.

Negative Eigenschaften
bleiben stärker offensichtlich
als die positiven haften,
literarisch und geschichtlich.

Rosinante, jener gute,
aber hässliche, so heisst es,
Hengst (denn er war keine Stute!)
zeigt dies deutlich und beweist es.

Der als maskuline Mähre
lieblos spöttisch Titulierte
wäre, wenn dem anders wäre,
nicht der nunmehr Arrivierte.

Rosinante von Cervantes
gilt vom Tajo bis zum Dnjepr
nicht als edles unbekanntes
Pferd, doch als berühmter Klepper.

ROSINANTE

WHIS
KY
GiN

The Moon Sheep

Das Mondschaf, wörtlich übersetzt,
treibt sich herum seit langem jetzt
im angelsächsischen Revier
als einstmals teutsches Fabeltier.

Es hat, extrem exzentrisch fast,
dem Englischen sich angepasst
und trinkt statt Mondmilch, Met und Bier
vor allem Gin und Whisky hier.

Sein Meister Morgenstern ist tot,
und deshalb spricht es ohne rot
zu werden oder bleich sogar
nur noch vom Master Morningstar.

Auch das gehört zu seinen Tricks:
Es prahlt als Lamm mit Limericks,
die lieber hierzulande jetzt
mit Vorteil man nicht übersetzt.

Das Schaf, in England Sheep genannt,
ist allerdings dafür bekannt,
dass es, selbst glänzend transponiert,
den angeborenen Witz verliert.

Das aber ist's, was manchem Mann
auf keinen Fall passieren kann,
weil oft im voraus schon sein Geist
als nicht vorhanden sich erweist.

Kühe

Sie schauen dich mit braunen Junoaugen an,
gelassen, weltenfern und unbeteiligt,
aus Tiefen, denen man sich nicht entziehen kann,
und leise steigt in dir die Ahnung auf, dass man
in Indien ihre weissen Schwestern heiligt.

Noch während man sich solches sinnend überdenkt,
mit dem Gefühl der Schuld und des Bereuens,
wird dir nicht weitere Beachtung mehr geschenkt;
denn sie ergeben sich, die Häupter müd gesenkt,
dem schweigenden Geschäft des Wiederkäuens.

Sogar wenn sie der Mensch ins rote Schlachthaus treibt,
des Fleisches und der weichen Felle wegen,
ist ihnen göttergleiche Ruhe einverleibt . . .
Sind sie jedoch so stoisch, wie man sie beschreibt? –
Kannst du dafür die Hand ins Feuer legen?

Vogelkonzert

Obgleich die Katzen sie umlauern
und ihnen nicht gewogen sind,
besteht für sie kein Grund zum Trauern:
sie trillern, zwitschern, gassenhauern
und lärmen laut im Morgenwind.

Ich schliefe manchmal gerne länger;
doch das Orchester und Quartett
der Philharmoniker und Sänger
(und zwar nicht das der Vogelfänger!)
jagt mich beizeiten aus dem Bett.

Da gibt's Posaunen und Trompeten,
und der befrackte Amselchor
trägt trotz den spätzischen Proleten
und frechen Schlagerinterpreten
sein Ständchen jubilierend vor.

Ich kann mir's längst nicht mehr verkneifen
und fange, wenn auch zögernd, an,
die falsche Rücksicht abzustreifen
und gleichfalls fröhlich mitzupfeifen –
na ja, so gut ich's eben kann.

Beim Betrachten meines Katers

Er ist nicht unbedingt ein Beau von einem Kater
und war – die Indiskretion sei mir erlaubt –
in seinem Leben nie ein Gatte oder Vater,
weil wesentlicher Funktionen früh beraubt.

Ich möchte trotzdem aber, namentlich von Dritten,
auf mein vielleicht zu offenes Geständnis hin,
gefälligst jenes dumme Grinsen mir verbitten,
an dem ich durch mein Schwatzen schuldlos-schuldig bin.

Gilt auch mein Freund und Kater bei den Katzenfrauen
kaum mehr als Casanova, kann er manchmal doch
genau so laut wie jeder Nachtkumpan miauen,
verfolgt von lenzlichen Gefühlen immer noch.

Die meiste Zeit hingegen, wenigstens im Winter,
verhält er philosophisch sich und stubenstill,
indem er leise schnurrt . . . Ich komme nicht dahinter,
wann er gestreichelt, wann ganz ungestört sein will.

Der Blick aus seinen schräg gestellten grünen Lichtern,
hypnotisch, nobel, weltenfern und unbewegt,
verrät mir gleichfalls nicht, ob er, statt bloss mit Dichtern,
nicht lieber doch mit seinesgleichen Umgang pflegt.

Matinee

Kru – gurrlu – gur – gur – gurrla – – kruhr!!
Du fragst, ob dieser Urwaldschrei
von Arp und dadaistisch sei? –
Kru – gurrlu! – – Nein, ich bin so frei
und gurgle nur . . .

Die Amsel sang mich aus dem Bett,
und ich, mit wenig angetan,
begebe mich zum Wasserhahn
und singe dort mit dem Sopran
ein Brahms-Duett . . .

Wir üben täglich den Gesang,
vergnügt und melodienfroh,
im Baum und überm Lavabo
und gurgeln oder singen so
minutenlang . . .

Wer schöner von uns beiden singt
(wir hören, aber sehn uns nie),
weiss ich so wenig fast wie sie.
Weiss es mein Nachbar vis-à-vis? –
nicht unbedingt!

Filou

Er hiess Filou und war auch einer.
Ich war sogleich in ihn verliebt.
Er war ein Dackel und ein kleiner
Vagant, jedoch ein rassereiner
wie's selten gibt.

Oh, wie ich die Begriffe hasse!
Denn rasse- oder stubenrein
(im Gegensatz zu jener Rasse,
die ich als Eigenschaft erfasse)
kann jeder sein.

Er war – wenn alle nur so wären! –
lebendig und ein Vagabund,
und doch, wenn Sie sich auch beschweren:
ich kann ihn näher nicht erklären. –
Er war ein Hund!

Nun ist er tot, und wenn ich meine
(für Sie mag's übertrieben sein),
dass er bestimmt nochmals erscheine,
so sehe ich nur seine Leine
und bin allein . . .

Er hiess Filou, der Vagabund,
und war mein Freund, nicht bloss ein Hund.

Gibbons

Gibbons zählen zu den kleinsten Menschenaffen,
aber zu den grössten Künstlern am Trapez,
die (heisst's in der Zirkussprache) sauber schaffen,
nämlich so, dass, wenn wir sie im Zoo begaffen,
wir von jedem staunend sagen: Der versteht's!

Nicht ein einziger von ihnen blufft und blendet,
und ihr Spiel, gelöst und akrobatenhaft,
dem man ganz spontan und willig Beifall spendet,
weil es selbstverständlich wirkt und drum vollendet,
hat die Eleganz beschwingter Lust und Kraft.

Wir sind zwar den Urwaldvettern überlegen
und mit ihnen geistig näher nicht verwandt.
Dennoch hätten wir bisweilen nichts dagegen,
könnten körperlich wir uns wie sie bewegen
und so sicher sein, behende und entspannt.

Dieser dunkle Wunschtraum aus verklungner Zeit
zeigt uns unsre eigne Unvollkommenheit,
doch im weitern, dass ein Affe kaum ein Mann –
gilt dies gleichfalls vice versa? – werden kann.

Philemon Cockerelli

So nennt mein Zoofreund Lederkopf sich im Latein,
den ich im offnen Vogelflugraum oft besuche
und dessentwegen ich für mich bisweilen ein
erstauntes Lächeln bei den Mitbesuchern buche.

Mein Freund aus Neuguinea nämlich ist ein Schalk,
ein schriller Sänger, Hanswurst, Narr und Honigfresser;
doch wir verstehn uns, wenn er gleichsam sich als Falk
auf meine Brille setzt, je länger, desto besser.

Für ihn bin ich ein Busch (kein Wilhelm!) oder Baum,
und deshalb will er frech sich bei mir niederlassen;
denn wer ich wirklich bin, beschäftigt ihn wohl kaum,
weil sich mit Menschen Vögel nicht so sehr befassen.

Der umgekehrte Fall trifft um so eher zu,
und ich gestehe offen, dass ich alter Knabe
mit meinem Freund fast wöchentlich ein Rendezvous
und nach der Meinung vieler einen Vogel habe.

Es hat noch mancher andre irgendwann und -wo
auch einen Vogel, und zwar nicht allein im Zoo.

Das Tödlein

Im Garten unterm Fensterplatz,
ein Häuflein Erde über sich,
liegt jetzt ein winzig kleiner Spatz –
und war doch mehr für mich.

Er war ein Teilchen der Natur,
die hell und jauchzend uns umgibt.
Drei Tage kannte ich ihn nur
und habe ihn geliebt.

Ich liebte ihn und sehe noch,
wie ihn das Leben süss durchdrang.
Er schrie nach ihm und starb dann doch,
und eine Amsel sang.

Es sterben viele ringsumher.
Ein Spatzentod wiegt federleicht
und dennoch ungewöhnlich schwer,
wenn er dein Herz erreicht.

Im Garten unterm Fensterplatz
blüht wilder Flieder und Jasmin.
Dort liegt ein toter kleiner Spatz. –
Ich denke oft an ihn.

Fröhliche Unverschämtheit

Von etwa fünf bis sieben in der Frühe
gibt der gefiederte Gesangverein
sich musikalisch unermüdlich Mühe,
mit seinem Repertoire à jour zu sein.

Du selbst, um diese Zeit noch nicht sehr tätig,
bist à la nuit, wenn man so sagen darf,
und auf die Töne, rein und hochkarätig,
trotz ihrer Frühlingsfröhlichkeit nicht scharf.

Dich stört der Lockruf der verliebten Sänger,
weil er dich weckt und dich der Nacht entreisst
und zudem dich beschämt, und zwar je länger
du die vergnügten Vögel schweigen heisst.

Zum Glück lässt die Natur sich nichts diktieren,
was wider die Natur ist und verdreht,
so dass das morgendliche Jubilieren
mit aller Unverschämtheit weitergeht.

Die Eule

Die Eule ist ein scheues Tier
und meidet drum die Leute.
Sie haust im dunklen Forstrevier
und stürzt mit Leidenschaft und Gier
sich nachts auf ihre Beute.

Bei Tag tut sie nicht halb so wild
und blinzelt astigmatisch.
Ihr ganzes Wesen, sanft und mild,
entsprechend dem Exlibris-Bild,
wirkt weise und sympathisch.

Daraus ersieht man klipp und klar,
wie wir uns täuschen lassen:
auch eine Eule ist sogar
trotz aller Weisheit offenbar
nicht restlos zu erfassen!

Das fragliche Ringelnatz-Reh

Ich begegnete im Schnee
kürzlich einem kleinen Reh,
welches, ganz im Gegensatz
zu dem Reh von Ringelnatz,
sich nicht stupsen liess, und zwar,
weil es stossempfindlich war
und sogar sich früh um vier
nicht benahm wie jenes Tier,
sondern scheu und fluchtbereit,
überall und jederzeit,
ohne dass ich's wiederfand,
im verschneiten Park verschwand,
während ich mich, weiss wie Gips,
lallend, schwankend und im Schwips,
fragte, ob das Reh am Baum
doch am Ende bloss ein Traum
oder (schon um elf Uhr zwei)
Hirngespinst gewesen sei
in der fraglichen Gestalt –
dank dem Alkoholgehalt,
der mich unlängst ziemlich stark
übermannte nachts im Park . . .

Franziskanische Werktagspredigt

Der eitle Mensch nur, in sein Spiegelbild verliebt,
beschränkt, verbildet und dogmatisch eng befangen,
kann sagen, dass es keinen Katzenhimmel gibt
und dass die Tiere nicht ins Paradies gelangen.

Wer nicht bloss für sich selbst das Recht in Anspruch nimmt,
sich in elysische Gefilde zu erheben,
erkennt, dass jede Kreatur dazu bestimmt
und ausersehn ist, gleiche Gnade zu erleben.

In welcher Form und wie das Wunder sich begibt,
weiss kein Prophet, geschweige denn ein seelisch Blinder;
dass aber Gott, der sämtliche Geschöpfe liebt,
kein einziges im Stich lässt, wissen alle Kinder.

Fridolin und Marta Tschudi

Bewahre stets und jederzeit die frühlingslichte Heiterkeit

In Zürich, seit jeher ein Eldorado der Grafik, war Marta Irminger im Jahr 1926 eine der allerersten Grafikerinnen. Nach der Ausbildung an der Kunstgewerbeschule Zürich zog sie für 1½ Jahre nach Berlin. Beruflich hat sie weder an der Akademie noch in der Praxis viel gelernt. Die äusserst kurzweiligen und witzigen Berliner gaben erstaunlicherweise langweilige, witzlose, mit hehrer gotischer Schrift verbrämte Plakate heraus; aus der eher nüchternen, trokkenen und langweiligen Schweiz kam ein frischer, heiterer Wind! Die von der jungen Schweizerin mitgebrachten Illustrationen und charmanten Modezeichnungen wurden denn auch den Schülern sofort per Dia als Vorbild gezeigt.

Berlin war trotzdem ein grosser Gewinn. Die kecke, witzige Direktheit der Berliner, ihre Selbstsicherheit und Schlagfertigkeit – dazu die grossartigen Theatererlebnisse (u. a. ein Besuch in der Grunewald-Villa ihres Idols Elisabeth Bergner) –, all das war ein reiches, wegweisendes Geschenk für die allzu schüchterne Zürcherin.

Nach der Heimkehr fand sie im Reklameatelier von Bally in Zürich eine Anstellung. Eine positive, gute und heitere Zeit, ein jahrelanges tägliches Vergnügen am Zeichnen, Kreieren und Erfinden in fröhlicher Zusammenarbeit mit zwei begabten und charmanten Zeichner- und Malerkollegen.

Einmal winkte die Chance zum Absprung nach Paris. Robert Piguet, einer der damaligen Modekönige, kam wegen einer Topmodeschau mit Bally-Schuhmodellen nach Zürich. Bei seinem Besuch im Reklameatelier wollte er die Grafikerin vom Zeichentisch weg als Starmannequin nach Paris engagieren.

Marta Tschudi ist erschüttert über die grosse Ehre; in ihrer angeborenen helvetischen Schüchternheit sagt sie aber trotzdem nein.

Im Rückblick erzählt sie heute: «Ich wäre gedrillt und „hochgestylt“ worden, zu einer schönen, chicen, exquisiten Frauenfigur à la Parisienne . . . Vielleicht wäre ich in Paris auch Stoff- und Modedesignerin geworden . . . aber Fridolin hätte ich nie kennengelernt, Fridolin, mein schönstes, wertvollstes und heiterstes Geschenk. Deshalb war mein feiges Nein am Ende doch ein gutes Nein!»

In der Krise der dreissiger Jahre wird das Reklameatelier Bally aufgehoben. Marta Irminger bezieht beim Pfauen ein eigenes Atelier. Die Aufträge, meistens interessante und amüsante Aufgaben, schneien in schöner Regelmässigkeit herein. Herein schneit eines Tages auch *Fridolin Tschudi.*

Eigentlich wollte er sich bei der Nachbarin der Grafikerin für ein Fest bedanken. Er traf sie nicht an und spricht schnell bei Fräulein I. vor. Es ergibt sich ein kurzes lustiges Gespräch.

Eine halbe Stunde nach der Verabschiedung steht Fridolin erneut vor der Tür: mit der Einladung zu Widmanns «Maikäferkomödie» im Schauspielhaus. Er habe soeben zwei Karten geholt; als Redaktor des «Zürcher Studenten» müsse er jeweils die Première besprechen. Seine zweite Freikarte war, ehrlich gesagt, für die Nachbarin gedacht. Fridolin hat innert kurzer Zeit seine Meinung geändert und eine glückliche, schicksalhafte zweite Wahl getroffen.

Die Maikäferkomödie – und nicht nur sie – hat ein Wunder bewirkt, an dem viele teilhaben durften: die harmonische Verbindung von Marta und Fridolin, welche unzertrennliche Freunde wurden und einige Jahre später geheiratet haben.

Fridolin hat seiner Frau zu jedem 29. April einen persönlichen Vers auf den Geburtstagstisch gelegt. Im Jahr 1957 schrieb er:

Geliebte Frau!

Wie haben wir's,

fragst Du mich oft; drum sag ich Dir's
und weiss, wie wohl's uns beiden tut:
Wir haben es entschieden gut,
und zwar vor allem, glaub es mir,
dank Deiner Gegenwart und Dir,
was sich auch jetzt nicht leugnen lässt,
am heutigen Geburtstagsfest
und neunundzwanzigsten April!
Das ist's, warum ich danken will
mit meinem Verslein und Gedicht;
denn ohne Dich gefällt's mir nicht
und wäre alles öd und leer . . .
O Heissgeliebte, bitte sehr:
Bleib ohne Aber oder Wenn
so, wie ich Dich seit langem kenn,
mit andern Worten: Bleib genau

so wie Du bist als Ehefrau!
Ich gratuliere Dir und mir
und geb es schriftlich aufs Papier,
dass der, der Dich von Herzen liebt,
Dich niemals einem andern gibt,
weil ohne Dich der Ehemann
ganz einfach gar nicht leben kann! –

Du siehst, ich bin ein Egoist
und sag drum: Bleibe, wie Du bist;
denn dies soll unser Motto sein:
Zu zweit ist's schöner als allein!
Auf das hin woll'n wir einen ziehn
zu Deinem Wohl!
Dein Fridolin.

Mit den letzten Zeilen eines Geburtstagsverses, der einige Jahre später verfasst wurde, möchte ich meine *Erinnerung an Fridolin* und mein *Hommage à Marta* beschliessen:

. . .
so danke ich Dir denn auch sehr,
und zwar je länger, desto mehr
für Deine Gegenwart voll Charme.
Wie wär ich ohne Dich doch arm!
Du aber machst mich reich und gross,
drum wünsche ich mir eines bloss:

Bewahre stets und jederzeit
die frühlingslichte Heiterkeit,
die still, doch strahlend Dich umgibt
und deshalb macht, dass man Dich liebt!
Bleib, liebe Gattin, immer so:
Gesund, zufrieden, glücklich, froh,
damit ich mir als Ehemann
ein Beispiel an Dir nehmen kann
und aus dem Schreiber und Poet
ein Mustergatte einst entsteht!
Das wünsch ich Dir und mir ganz still
zum neunundzwanzigsten April!

Paul Rothenhäusler

Fridolin als Fabeldichter

Unvergessen bleibt Fridolin Tschudi auch als Cabaretautor. Für das Cabaret Fédéral, für Voli Geiler und Walter Morath und für César Keiser hat er Kabinettstücke des aktuellen Witzes und des zeitlosen Humors verfasst. Seine sieben ersten Fabeln wurden in César Keisers und Margrit Läublis Opus 3 eingebaut (Premiere am 18. April 1963), die zweite Folge wurde erstmals am 23. September 1964 im Opus 4 von César Keiser interpretiert, komponiert und begleitet am Flügel von René Gerber.

Für das Opus 4 war eine Suite von Küchenliedern vorgesehen, die Fridolin Tschudi auf Margrit Läublis Leib und Seele schreiben wollte. Es blieb beim Projekt; am 5. Januar 1966 ist Fridolin Tschudi in Klosters, wo er in den Ferien weilte, im Alter von 54 Jahren an einem Herzversagen gestorben.

Auch wenn sich einige Fabeln auf Episoden der fünfziger und sechziger Jahre beziehen, hat ihre Moral bis auf den heutigen Tag nichts von ihrer Aktualität eingebüsst. Im Gegenteil, das Menschlich-Allzumenschliche der Geschichte wiederholt sich heute in einer geradezu erschreckenden Kadenz. Insofern tritt der moderne Fabeldichter die würdige Nachfolge eines Aesop oder eines Jean de La Fontaine an. *Ali,* der unvergessliche Alligator, *Kuckuck und Grünspecht* oder das *Schwarze weisse Schaf* werden nie aussterben! Wie Fridolin Tschudi die Form der Fabel gefunden hat, beschreibt César Keiser im Nachruf, der in der «Weltwoche» vom 14. Januar 1966 erschien:

Fridolin war ein Arbeiter, ein Schwerarbeiter, ein Meister dabei. Er war ein Handwerker von ungeheurem Fleiss, von einer Selbstdisziplin und Zuverlässigkeit sondergleichen. Er nahm die Ideen, indem er ein weisses Papier vor sich hinlegte, sie dadurch anlockend, und indem er zu schreiben anfing, flogen sie ihm zu, und je fleissiger und intensiver seine Arbeit war, desto klarer nahmen die Ideen Form und Farbe an. Wie er sie dann fasste, wie ein Goldschmied den Rubin, wie er sie schliff und formte, polierte und präsentierte, mit weltmännischer Grazie und Eleganz, und doch tiefgründig funkelnd und blitzend, das war sein Geheimnis.

Lieber Leser

Haben Ihnen Fridolin Tschudis Verse und Fabeln gefallen? Freuen Sie sich über die farbigen Illustrationen seiner Gattin Marta Tschudi? Dann werden Sie sich sicher für die Leseproben und die Buchtitel der folgenden Seiten interessieren.

Unser Autor war nicht nur ein Tierfreund, er war auch ein Menschenfreund. Mit seinem liebenswürdigen Charme, seiner Heiterkeit und feinen Ironie bringt er jene Melodie in die zeitgenössische Schweizer Literatur, die man je länger je weniger missen möchte.

Das Rezept

Lass den Kopf nicht länger hängen
und durch Trübsal dich bedrängen
und vor allem: Glaube nie,
du allein seist zu erbarmen!
Unter all den vielen Armen
gibt's noch Ärmere – und wie!

Wahre die Proportionen!
Nimm trotz der Depressionen
deinen Cafard nicht zu schwer
und dich halb so ernst und wichtig,
hintergründig, doppelschichtig
und weiss Gott was alles mehr!

Mach's wie einst Till Eulenspiegel:
Schiebe mit Gewalt den Riegel
zu der Kummerkammer zu
und negiere deine Sorgen;
denn vergiss nicht eins: Schon morgen
lächelst über sie auch du!

Denk daran: Der dir dies predigt,
war mitunter auch erledigt;
doch er hat, schon fast k.o.,
ein Rezept herausgefunden
und den Zustand überwunden.
Bitte, mach es ebenso!

Das Rezept heisst nämlich ganz
schlicht und einfach: Mehr Distanz!

Waldspaziergang

Man kehrt aus Wäldern wie aus einem Traum zurück
und wie aus einem längst vergessnen Grimmschen Märchen,
und man empfindet ihre Einsamkeit als Glück
inmitten all der Föhren, Buchen oder Lärchen.

Sogar das Knusperhäuschen fand man da und dort
und hat die Zauberhexe tief im Forst gesehen;
bloss lief das Hutzelweiblein ängstlich vor uns fort,
um unsrer Gegenwart und Neugier zu entgehen.

Ringsum ist Kirchenstille, und kein fremder Laut
stört deine Andacht und beleidigt deine Ohren;
du fühlst im Unterholz, umrankt von Leberkraut,
dich sanft erlöst und doch gefangen und verloren.

Das Moos dämpft deinen Schritt wie weiches Löschpapier,
und nur bisweilen knistert es von dürren Zweigen:
ein scheuer Vogel nistet und versteckt sich hier
und unterbricht mit seinem Flügelschlag das Schweigen.

Im hohen Sommermittag summt ein Bienenschwarm,
und das erinnert dich an feindliche Geschwader
und an die Welt, die kalt und böse ist und arm
und voller Angst und kriegerischem Hass und Hader.

Man kehrt aus Wäldern wie aus einem Traum zurück
und hofft auf Frieden und Geborgenheit und Glück . . .

Leseproben aus «Es lebe das Leben», Gedichte, Verse und Fabeln von Fridolin Tschudi, mit einem Nachwort von Alois Carigiet. Rothenhäusler Verlag Stäfa, 1986, ISBN 3-907960-02-5.

Das Mädchen aus Kopenhagen

Sie winkte mir, ich sagte ja.
Und plötzlich war sie einfach da
und stieg in meinen Wagen.
Sie lachte leis und tat nicht fremd
und trug ein bunt-kariertes Hemd
und war aus Kopenhagen.

Ihr Shorts gewordener Lendenschurz
(drum heisst er so) war ziemlich kurz
und, wenn man will, erregend,
wie etwa ein Frau im Bad.
Ich sass verkrampft am Steuerrad
und sah nur auf die Gegend.

Es war schon Nacht, und ihr Profil
glich auch bei Langnau an der Sihl
und links der Strassenmitte,
als in der Kurve, die ich nahm,
mein Cadillac ins Schleudern kam,
dem einer Aphrodite.

Das Ganze ging sehr rasch vorbei.
Sie jauchzte hell «jeg elsker dig!»
im Bruchteil von Sekunden ... –
Ich wachte auf und schwitzte stark.
Jedoch mein Traum aus Dänemark
war aus und blieb verschwunden ...

Seither bewegt mich tagelang
das Thema: Frau und Untergang.

Heilsarmee

Wenn sie die biblische Verheissung loben,
so richtet sich ihr veilchenblauer Blick
voll stolzer Demut unverwandt nach oben,
das milde Kinn energisch vorgeschoben,
verschämtes Selbstbewusstsein im Genick.

Durchfroren stehn sie an den Strassenecken,
zu sanftem Dulden und Verzicht bereit,
vor ihren grüngeschmückten Sammelbecken.
Sie lassen von der Kälte sich nicht schrecken
und singen Psalmen drum von Zeit zu Zeit.

Bisweilen mischt sich in das Lied der Frommen
ein gottgefälliger Trompetenklang,
sobald – auch sie vom Frost leicht mitgenommen –
die tiefvermummten Musikanten kommen
mit Horn, Posaune und Choralgesang.

In kleinen Grüppchen ziehn sie durch die Strassen
und ernten Geld und schüchternen Applaus
für jene Weisen, welche wir vergassen.
Sie sehen, wenn es schneit, gewissermassen
wie flügellose weisse Engel aus.

Leseproben aus «Zürich 2000», Gedichte, Verse und Sprüche von Fridolin Tschudi, mit Nachwort «Zürichs Wesen in Tschudis Versen». Rothenhäusler Verlag Stäfa, 1986, ISBN 3-907960-01-7.

Fridolin Tschudi (1912–1966) im Sanssouci-Verlag Zürich

Ausgewählte Verse, mit einem Gedenkwort von Alois Carigiet

Dir zuliebe

Fünfzehn Fabeln

Handbuch der Heiterkeit

Lächle lieber, statt zu lachen

Medizin des Lächelns

Sieben sanfte Turteltauben

Sie liebt mich . . .

Statt Blumen

Wolkenlatein

Die meisten Verse und Fabeln im vorliegenden Buch sind erstmals in einem Bändchen des Sanssouci-Verlages erschienen.

Inhalt